LES FRÈRES

DES ÉCOLES CHRÉTIENNES

A SAINT-QUENTIN

LES FRÈRES

DES

ÉCOLES CHRÉTIENNES

A SAINT-QUENTIN

SAINT-QUENTIN

TYPOGRAPHIE ET LITHOGRAPHIE JULES MOUREAU

7, Grand'Place, 7

—

1877

LES PRIÈRES

DES

ÉCOLES CHRÉTIENNES

SAINT-QUENTIN

ST-QUENTIN

LITHOGRAPHIE JULES MOUREAU

Grand'Place, 7

1877

LES FRÈRES

DES

ÉCOLES CHRÉTIENNES

A SAINT-QUENTIN

On s'est vivement préoccupé, pendant ces derniers temps, de la question dite *Question des Frères.* — Sans parti pris, et même en-dehors de toute pensée religieuse, un très-grand nombre se sont plu à louer leur dévouement, leurs services rendus. D'autres se sont déclarés contre eux, précisément parce qu'ils sont *Frères*, et ils ont rejeté leur enseignement parce que cet enseignement est dit *congréganiste*. — Un incident très-regrettable est survenu, relatif à la direction de l'école; puis un vote du Conseil municipal a été émis, lequel n'a pas été sans un certain retentissement.

Aujourd'hui, où en est la question? Nous le saurous bientôt. Mais alors que les passions semblent calmées, il nous paraît opportun de donner, de toute cette affaire, un historique aussi complet, aussi calme et aussi mesuré que possible.

Pour plus de clarté, nous divisons la question en trois parties :

1° La fondation Brunel, relative à une école des Frères, qui n'a jamais été établie ;

2° L'établissement d'une école des Frères, par M. Tavernier, curé-archiprêtre, en 1851 ;

3° L'incident du Frère Médard, et le vote du Conseil municipal.

I

LA FONDATION BRUNEL.

En l'année 1823, le 25 septembre, mourait à Saint-Quentin un homme, dont les œuvres, fondées par testament, publient encore aujourd'hui le nom et font bénir la mémoire. M. Louis-Joseph Brunel, par ses dispositions dernières en date du 24 juin précédent, faisait des legs nombreux en faveur des pauvres, des vieillards, des malades, des orphelins, du collége, de l'instruction populaire et de l'église collégiale. Afin de bien marquer le caractère religieux et catholique de ses fondations, il déclarait « se recommander spécialement aux prières de ceux qu'en mourant il rendait participants de sa fortune, » les conjurant « d'être reconnaissants à son égard et de prier pour le repos de son âme ; » et de plus, il intéressait à ses fondations la fabrique de l'église collégiale, l'établissant même sa *légataire* pour l'institution d'établissements de bienfaisance ou d'instruction, qui semblaient ne pas devoir ressortir directement de ses attributions.

Voici ce que nous lisons dans son testament, à la suite de diverses fondations faites pour services annuels, pour messes à perpétuité, pour création d'une maîtrise, etc. :

ART. 7. — Je donne et lègue à la fabrique de l'église paroissiale de Saint-Quentin une somme de 24,000 francs pour habiller, tous les deux ans, cinquante pauvres des deux sexes. Les six administrateurs ci-dessus dénommés, le curé, le président et l'un des marguilliers, le président du tribunal civil en fonctions, le doyen des notaires, et l'un de mes plus proches parents, devront veiller, en leur âme et conscience, à la ponctuelle exécution de ladite fondation, le tout gratuitement; attendu que je dois les indemniser dans un article ci-après.

ART. 10. — Mon intention est de fonder, en faveur de douze vieux ménages, de préférence ceux connus de bonne vie et mœurs, pour leur être distribués chaque année, chacun 10 hectolitres de blé. Je donne et lègue pour cela à la fabrique de l'église de Saint-Quentin, et toujours sous le pouvoir surveillant de la commission ci-devant déclarée, 88 septiers de terre sur Artemps, et 35 sur Itancourt, et pour les peines que je donne à l'administration que je dénomme ci-dessus, je lui lègue 3,000 francs.

ART. 13. — Je donne et lègue à la fabrique de l'église de Saint-Quentin, et toujours sous la surveillance, pouvoir et administration de la commission ci-devant désignée, et encore de l'administration du collége de cette ville, une somme de 30,000 francs, pour fonder, à perpétuité, trois bourses au collége de Saint-Quentin, pour trois jeunes garçons de parents pauvres, mais honnêtes.

Art. 12 (qui concerne tout spécialement la question présente). — Je donne et lègue à la fabrique de l'église de Saint-Quentin, et toujonrs sous pouvoir, surveillance et administration de la commission ci-devant déclarée, une somme de 36,000 francs, pour doter une *École gratuite dirigée par trois Frères des Écoles chrétiennes.*

De plus, je donne ma maison, rue Sainte-Anne, pour y établir l'école, et encore 3,000 francs pour y faire les changements convenables, à la condition qu'on fera placer sur le frontispice de ladite maison, une pierre sur laquelle sera écrit :

FONDATION PAR J. BRUNEL

Et j'exige que les Frères fassent réciter, chaque soir, aux élèves, un *De Profundis* pour le repos de mon âme.

Comment se fait-il que le Conseil de fabrique, chargé de ces dispositions diverses, crut ne devoir accepter que les legs portant fondation de messes, de services, création de la maîtrise, tandis qu'il remettait à la Commission des hospices le soin de faire exécuter les legs contenus dans les articles 7e, 10e, 12e et 13e, et notamment le legs concernant l'établissement d'une école des Frères? Lui-même nous l'apprend, par le compte rendu de sa séance du 3 octobre 1823.

« Considérant, dit-il, que les legs contenus dans les articles 7°, 10°, 12° et 13°, ne sont pas faits au profit de la fabrique qui y reste absolument étrangère, mais seulement à la fabrique, comme corps moral, et pour l'institution d'établissements de bienfaisance qui sont absolument hors de ses attributions; que la Commission des hospices civils de cette ville a seule aptitude et capacité pour connaître de ces dispositions et pour s'expliquer à leur égard ;

« Considérant d'autre part, que les autres legs, ou ne sont pas onéreux à la fabrique, ou s'ils ne lui offrent qu'un faible avantage, lui donnent la facilité de former au chant des enfants de chœur, de contribuer à la solennité des saints offices, que d'ailleurs, par égard pour la mémoire du fondateur, elle peut prendre le soin de faire prier pour lui ;

« Le Conseil est d'avis : En ce qui concerne les legs contenus dans les articles 7°, 10°, 12° et 13°, que l'acceptation soit faite par la Commission des hospices civils de cette ville, investie par la loi, et exclusivement, du droit d'en connaître ;

« En ce qui concerne les autres legs, est d'avis qu'il y a lieu de l'autoriser à les accepter, aux charges exprimées; mais toutefois *sous son administration exclusive et sans l'adjonction de l'espèce de commission instituée par le testateur*, commission dont la composition exclut même le conseil de la régie des biens donnés, ce qui est entièrement contraire à l'organisation des conseils de fabrique seuls administrateurs légaux de leurs biens et revenus. »

L'institution de cette commission de surveillance, faite par le sieur Louis-Joseph Brunel, paraît avoir apporté de longs retards à l'acceptation des legs par le gouvernement, et à l'autorisation accordée, soit à la ville, soit à la fabrique, d'entrer en possession des legs sus-désignés. L'un des neveux de M. Brunel, et son plus proche parent, M. Rosey, affirmait même, dans une conversation tenue sur ce point, en 1866, « que M. Dupin, entre autres jurisconsultes, était d'avis que les legs de M. Brunel, ne pouvant être acceptés, vu cette clause, par le gouvernement, il ne fallait pas répondre aux demandes d'envoi en possession, en délivrance de legs, que les héritiers pouvaient conserver le tout sans conteste possible. Mais, malgré les avis dans ce sens, continue M. Rosey, nous avons demandé, ma sœur et moi, que le gouvernement fasse le partage entre les établissements existants, sans tenir compte de la commission nommée par mon oncle ; que nous consentirions à l'envoi en possession et délivrance du legs. »

Aussi, est-ce seulement en 1825, le 19 janvier, que la fabrique, d'une part, et la ville, de l'autre, furent autorisées à accepter les legs faits par le sieur Louis-Joseph Brunel, et consignés dans son testament du 24 juin 1823. La fabrique accepta les legs faits par les articles 6°, 8° et 9°, comme nous le voyons dans le compte rendu de sa séance du 17 février 1825. La ville accepta les legs faits par les articles 7°, 10°, 12° et 13°, en la teneur suivante :

« Pardevant M° Louis-Félix Desains, et son collègue, notaires royaux au département de l'Aisne, résidant à Saint-Quentin, soussignés :

Fut présent :

M. Nicolas-François-Antoine de Beaudreuil, maire de la ville de Saint-Quentin, y demeurant, lequel, en vertu de l'ordonnance du roi du 19 janvier 1825, a déclaré accepter les legs faits par le sieur Louis-Joseph Brunel, décédé propriétaire à Saint-Quentin, suivant son testament olographe, en date à Saint-Quentin du 24 juin 1823, et lequel consistait, etc.... »

Et notamment, pour ce qui concerne l'école des Frères, d'après désignation du testament et de l'ordonnance royale.

Savoir : 1° Le legs de la somme de 36,000 francs pour être constitué en rente perpétuelle sur l'État et dont le revenu devra être affecté à entretenir *à perpétuité* trois Frères des écoles chrétiennes qui seront chargés de l'éducation des enfants pauvres.

2° Le legs d'une maison sise à Saint-Quentin, rue Sainte-Anne, pour servir au logement des dits Frères.

3° Le legs d'une somme de 3,000 francs destinés à l'établissement d'une école. »

Ainsi donc, et par suite de cette acceptation, la ville, de son plein gré, se trouvait substituée à la fabrique pour entretenir *à perpétuité*, dans une maison située rue Sainte-Anne et appropriée à cet effet, *trois Frères des Écoles chrétiennes*, qui seraient chargés de l'éducation des enfants pauvres. Le testateur déclarait faire cette fondation, ainsi que les autres, pour *s'assurer des prières après sa mort*, et il demandait même, à l'occasion de ce legs, *des prières spéciales, que les Frères feraient réciter chaque soir par leurs élèves*.

On a pu chercher vainement, depuis l'année 1825, cette école des Frères dans la rue Sainte-Anne. Une maison, sur l'emplacement de la propriété du sieur Brunel, porte bien sur sa façade l'inscription : *Fondation Brunel*. Mais cette maison sert à une école d'enseignement mutuel dirigée, au nom de la ville, par un *instituteur laïque*.

Comment cette conclusion a-t-elle été substituée aux intentions du sieur Louis-Joseph Brunel? Nous déclarons n'en rien savoir absolument. Mais nous nous demandons néanmoins, et vraiment nous serions bien aise qu'on nous expliquât comment, en ce sens, les intentions de M. Brunel ont été fidèlement gardées.

II

ÉTABLISSEMENT D'UNE ÉCOLE DES FRÈRES
PAR M. TAVERNIER, CURÉ-ARCHIPRÊTRE (ANNÉE 1851).

Deux écoles seulement de garçons existaient dans la ville de Saint-Quentin, toutes deux d'enseignement mutuel, et toutes deux dirigées par des intituteurs laïques ; chacune pouvait à peine contenir 250 à 300 enfants. D'après les rapports annuels du Comité communal d'instruction, il était constaté que 1,300 à 1,400 enfants, des deux sexes, restaient chaque année sans instruction dans la ville de Saint-Quentin, et qu'un nombre relativement considérable d'enfants catholiques fréquentaient l'école protestante, au risque d'en sortir sans aucune croyance sérieusement appuyée, sans aucun principe catholique.

« Profondément affligé, et comme chrétien et comme pasteur, d'un pareil état de choses, M. Tavernier, comme il l'a écrit lui-même dans une lettre adressée au Président de la République, résolut de faire tout au monde pour fonder à Saint-Quentin une école libre de Frères des Écoles chrétiennes ; aucune ville en France, ajoutait-il, n'en a plus besoin. » Mais comment mener à bonne fin cette audacieuse entreprise ? Comment oser même la commencer, sans moyens probables de réussite, sans aucune ressource

absolument? La sagesse, la prudence semblaient lui
conseiller de ne pas se presser et d'attendre; l'opinion, la critique, la raillerie s'élevaient déjà contre
lui. Il poursuivit néanmoins ses projets, saintement
obstiné. M. Tavernier était un de ces hommes que les
difficultés affermissent loin de les abattre, et il savait
que si le zèle a ses illusions, comme l'espérance, il a
aussi ses miracles comme la charité, et que la charité obtient tout de Dieu. Du reste, il connaissait ses
paroissiens, leur esprit de foi, la générosité du très-
grand nombre, des petits comme des grands, et il
avait confiance qu'au besoin les plus petits s'impose-
raient de pénibles et nombreux sacrifices, pour aider
leur pasteur à créer et à continuer son œuvre de pré-
dilection.

Sa confiance ne fut pas trompée. A peine se fut-il
mis en quête, *frère mendiant*, comme il aimait à s'appeler lui-même, accompagné d'un de ses vicaires les
plus dévoués et les plus sympathiques à la popula-
tion, que les aumônes arrivèrent très-abondantes. En
quelques semaines, il avait recueilli près de
18,000 francs. De plus, trois legs lui furent faits par
testament, et un don manuel fut apporté, le tout
montant à 7,500 francs. Les recettes de la première
année s'élevèrent à la somme relativement considérable, et d'abord inespérée, de 25,574 francs.

Alors M. Tavernier choisit, au centre de la ville,
une maison spacieuse, bien construite, avec un vaste

jardin, dont la mise à prix, comme vente, était de 60,000 francs. Ne pouvant songer à l'acheter, il la loua 3,000 francs par an. Toute spacieuse qu'elle fût, cette maison ne pouvait servir qu'aux Frères seuls, comme maison d'habitation, chapelle, etc. Des classes étaient nécessaires ; M. Tavernier obtint de les faire construire, à ses frais, dans la partie antérieure du jardin. La construction, très-belle d'ailleurs, des quatre classes pouvant contenir chacune près de 100 enfants, l'achat d'un mobilier spécial et convenable, absorbèrent presque toutes les ressources recueillies dès la première année. Mais d'autres aumônes arrivèrent ; et, sans entrer ici dans le détail des nombreux expédients et des mille industries au moyen desquelles M. Tavernier sut se créer des ressources, sans parler des nombreuses fatigues qu'il s'imposa, des difficultés très-graves qu'il aplanit, nous pouvons dire qu'en moins de dix années, il recueillit la somme considérable de 140,467 francs, au moyen desquels il paya le loyer convenu de la maison, solda aux Frères leur traitement annuel, pourvut aux fournitures et à toutes les dépenses nécessaires à l'éducation de plus de 400 enfants.

De plus, il ouvrit pour les jeunes apprentis, qui se préparent à la première communion, et pour les adultes qui désirent compléter leur instruction, des cours du soir qui lui étaient très-instamment demandés. Pendant quinze années, ces cours furent les seuls qui existèrent dans la ville de Saint-Quentin, et ils se sont continués jusqu'aujourd'hui, sans aucune rétribution ou gratification, même depuis que l'école des Frères est devenue communale ; tandis que les instituteurs laïques touchent annuellement 300 francs de rétribution ou gratification, par chaque cours du soir.

La moyenne annuelle des élèves qui ont fréquenté les classes des Frères, depuis le mois de novembre 1851, jusqu'aujourd'hui, est de 621. La moyenne annuelle des apprentis fréquentant le catéchisme de première communion, et des adultes fréquentant les cours du soir, est de 308. En tout, 929 élèves ou adultes, issus des classes ouvrières, qui ont reçu annuellement les soins dévoués des Chers Frères.

On a dit quelquefois, et on veut bien dire encore très-haut aujourd'hui, que le peuple n'aime pas l'habit religieux, que l'état religieux, que l'Église, pour dire le mot, n'a pas les sympathies du peuple, et que d'ailleurs elle n'est pas apte à donner l'enseignement populaire. Voudrait-on faire abnégation de tous sens pratique, de toute saine expérience, et de toute connaissance même superficielle de l'histoire ? L'Église, même à son début, et le peuple, dans ce qu'il a de plus spontané et de plus vivace, mais n'est-ce pas tout un ? Entre le peuple et l'Église, comme l'a dit un savant prélat, l'alliance est vieille. Elle date du jour où le Christ appelait autour de lui les petits et les ignorants, pour verser sur leur âme des flots de lumière et de vérité. Les premiers ennemis de l'Église le savaient bien reconnaître, et, contrairement aux ennemis du temps présent, ils accusaient les pasteurs ecclésiastiques de vouloir répandre l'instruction dans le peuple. « Quand on cherche votre chaire, disaient-ils, on est toujours sûr de la trouver au milieu d'une troupe de cordonniers, de cardeurs de laine et de foulons. » Pendant des siècles et de longs siècles, l'Église donna seule l'instruction au peuple. A la porte de ses monastères, elle plaçait des écoles ; et c'est à l'ombre de ses cathédrales et de ses collégiales, comme à Saint-Quentin, que fleurit l'enseignement gratuit pour tous. Et lorsque, enfin, saisie d'une noble émulation, la société laïque se mit au pas du clergé, à l'entrée de ces temps modernes auxquels nous sommes si fiers, nous aussi, d'appartenir, qui est-ce qui imprima encore ce grand mouvement dont la société laïque voudrait revendiquer aujourd'hui le monopole ? Ce fut un prêtre, le Vénérable Jean-Baptiste de la Salle, fondateur des Frères des Écoles chrétiennes, docteur de la faculté de théologie de Paris. Voilà l'homme auquel on doit le grand mouvement d'instruction populaire des temps modernes. Et le peuple ne s'y trompe pas ; et comme d'instinct, et avec la mémoire du cœur, il salue respectueusement et avec reconnaissance les disciples de Jean-Baptiste de la Salle, qui viennent lui apporter les premiers éléments des connaissances sérieuses et utiles, avec l'ardeur du dévouement catholique et sous la livrée du sacrifice.

Les salles de l'école des Frères servent encore, on le sait, de lieu de réunion, depuis l'année 1859, aux membres de la Société de secours mutuels de Saint-François - Xavier. Les membres de cette société (section seule des hommes), sont au nombre de près de 500, plus, un grand nombre de membres participants ou honoraires. Dans leurs réunions mensuelles, toujours si intéressantes, ils viennent recueillir un plus grand amour du bien, un respect plus profond du devoir, de l'honneur chrétien, l'amour de la vie de famille, de la religion, de Dieu.

Cependant, avec toutes les charges qui pesaient annuellement, et l'on dirait mieux, quotidiennement sur lui, M. Tavernier ne pouvait conserver plus longtemps et à sa seule responsabilité, l'école des Frères. Dix années s'étaient écoulées, pendant lesquelles ces instituteurs modestes et si méritants avaient fait leurs preuves et conquis droit de cité. L'opinion publique se prononçait d'ailleurs pour demander à la ville de reprendre l'école à son compte, et l'administration municipale laissait assez entrevoir que des avances, faites en ce sens, seraient favorablement accueillies. D'autre part. M. le curé-archiprêtre devait songer à l'avenir. L'établissement des Frères n'était pas véritablement fondé, il n'était que soutenu par les aumônes sympathiques, mais nécessairement précaires, des fidèles. Et puis M. Tavernier devait prévoir l'éventualité de sa mort et les conséquences probables qui en résulteraient.

Il résolut donc de remettre l'école à la ville. Et, afin de bien marquer toute la confiance qu'il avait en Messieurs de la municipalité, soit dans le présent, soit dans l'avenir, il n'imposa aucune condition ; il n'exigea aucun dédommagement. Il remit à la ville le bâtiment des classes, construit à ses frais, et leur mobilier, plus une somme de 15,000 francs, que demanda l'administration, et que M. Tavernier put encore faire recueillir. La ville, d'autre part, se substitua à M. Tavernier pour subvenir au traitement annuel des Frères, aux dépensés nécessaires de l'école; et, de plus, elle s'obligea à acheter, des héritiers Proal, propriétaires de la maison sise rue Saint-Martin, l'immeuble tout entier.

Ce que fit la ville le 27 janvier 1861, par contrat passé devant M° Lacœuilhe, et transcrit le 25 août suivant. L'immeuble fut acheté 52,000 francs, dont 15,000 francs furent payés aussitôt après la transcription.

Le maire de Saint-Quentin contracta, en vertu d'une autorisation du conseil, résultant d'une délibération du 17 novembre 1860. Cette délibération et aussi l'autorisation préfectorale constatent que la maison est occupée par l'école des Frères, *récemment communalisée.*

III

L'INCIDENT DU FRÈRE MÉDARD ET LE VOTE DU CONSEIL MUNICIPAL.

L'école des Frères était donc devenue communale, et elle avait pris place à côté de deux écoles d'enseignement mutuel, ses sœurs aînées, et aussi de l'école communale protestante.

Au point de vue des charges nouvelles qui lui étaient imposées, la ville n'avait vraiment pas à regretter la cession qui lui avait été faite. Depuis plusieurs années déjà, elle aurait dû pourvoir à l'établissement d'une troisième école municipale, puis à son entretien. L'*établissement* de cette école lui eût coûté au moins les 37,000 francs, dépensés pour l'acquisition de l'immeuble situé rue Saint-Martin. L'*entretien*, d'après les documents officiels recueillis de la municipalité, lui eût été, pour un même nombre d'élèves, relativement plus coûteux.

Au point de vue du niveau des études, des progrès sérieux et soutenus des élèves, de l'ordre et de la tenue de l'école, la ville n'avait pas à regretter davantage. L'école des Frères est loin d'avoir été,

pour la ville de Saint-Quentin, un déshonneur. —
En 1867, elle obtenait un diplôme de l'autorité aca-
démique, constatant qu'elle était une des écoles·les
mieux tenues du département ; et lors de l'exposi-
tion universelle, d'après les concours qui eurent lieu
entre les différentes écoles de la ville, l'école des
Frères fut *seule* admise à concourir avec celles des
autres villes de France. En cette même année 1867,
elle recevait de M. le Ministre de l'Instruction publique, un précieux témoignage de satisfaction, con-
sistant en un magnifique ouvrage. Depuis lors,
elle obtint successivement plusieurs médailles de
bronze, plusieurs médailles d'argent, une médaille
d'or, grand module, et nous n'avons pas besoin de
faire remarquer qu'aucune de ces distinctions ne
put être attribuée à la faveur. Les diplômes et les
certificats d'études primaires, obtenus, soit par les
élèves de ses cours d'adultes, soit par ceux de ses
classes du jour, sont dans la porportion de 6 à 7 par
an, tandis que, dans les autres écoles du canton,
appelées à concourir, la proportion moyenne n'est
que 2 à 3 par an. — Et ces résultats ne sont pas
particuliers à la seule école des Frères de Saint-
Quentin. On sait que, sur tous les points de la
France, partout où s'ouvre un concours donnant
lieu à constater les résultats de leurs efforts, les
Frères obtiennent des succès qui leur permettent de
ne craindre aucune comparaison.

Alors qu'elle fut reprise par la municipalité, l'école des Frères de Saint-Quentin avait à sa tête un directeur aussi juste que droit, aussi bon que ferme, aimé des enfants, aimé des parents, justement apprécié et estimé par tous, le Frère Médard. Pendant quinze ans encore, il lui fut permis de continuer à l'école de la rue Saint-Martin ses soins intelligents et dévoués. La municipalité, dans différentes circonstances, témoigna de la considération qu'elle avait pour sa personne, comme aussi, au moment où ses supérieurs décidèrent son départ, elle témoigna vivement de ses justes et légitimes regrets. Elle fit plus ; par l'entremise de M. Bauduin, inspecteur général de l'enseignement primaire, l'administration municipale fit demander au supérieur général des Frères, rue Oudinot, que le Frère Médard fût conservé au poste qu'il occupait d'une manière si intelligente. Aucune satisfaction ne put être donnée à ses sympathiques et honorables réclamations. Les congrégations religieuses, on le comprend, et surtout les grandes congrégations, comme celle des Frères, ont des nécessités d'administration générale qui ne peuvent toujours s'accorder avec les sympathies privées ou les intérêts particuliers. Elles ne brusquent pas leur détermination ; elles ne font pas de changements à la légère et sans raisons sérieuses ; mais elle ne s'obligent pas, et ne peuvent s'obliger, à conserver dans un même pays, ou à la tête d'une même communauté, le même sujet. Dans toutes les conventions qu'elles font avec les municipalités, relativement à la direction d'une école, il est stipulé que les supérieurs pourront toujours faire, dans la direction, ou dans le personnel des Frères, tel ou tel changement qu'ils jugeront convenable.

Se fondant sur les conventions faites avec la ville de Saint-Quentin, et se basant sur les lois toujours en vigueur, et *réglant toujours la pratique en cette matière* (même après la circulaire du 23 octobre 1871, dont nous aurons à parler tout à l'heure), se basant disons-nous, sur les lois du 25 mars 1850, du 9 mars 1852, modifiées par la loi du 14 juin 1854, le supérieur général des Frères proposa à M. le Préfet de l'Aisne de vouloir bien, de sa propre et légitime autorité, nommer le Frère Aristophane directeur de l'école de la rue Saint-Martin, en remplacement du Frère Médard, appelé à d'autres fonctions. Et ladite nomination fut faite et notifiée à l'administration municipale de Saint-Quentin, par uu arrêté préfectoral portant la date du 25 avril 1876.

Or, on sait que, d'après les lois de 1850 et 1852, modifiées par l'art. 8 de la loi du 14 juin 1854, la nomination des instituteurs communaux appartient exclusivement aux préfets, et que, seulement dans certains cas, ils doivent consulter les conseils municipaux pour déterminer la catégorie *laïque* ou *congréganiste* dans laquelle doit être choisi l'instituteur ; encore le droit des conseils municipaux est-il limité à l'émission d'un vœu ou d'un avis. Mais quels sont les cas où devra être consulté le conseil ?

En 1862, le Sénat, sur la pétition de M. le comte de Tournon, ayant eu à fixer le sens de la loi de 1850, sur le point de savoir s'il y a lieu de consulter les conseils municipaux, lorsqu'il s'agit uniquement des *mutations* et *déplacements* exigés par les besoins du service ou par des convenances de discipline intérieure, la haute assemblée procédant par la voie de la question préalable et après une discussion approfondie, a maintenu énergiquement l'interprétation suivie jusqu'à ce jour, c'est-à-dire qu'elle a décidé qu'il n'y a véritablement vacance d'emploi et nécessité de consulter les conseils municipaux, que dans les cas *de décès, démission* ou *révocation* des instituteurs.

Cette décision était peu après notifiée aux préfets par une circulaire ministérielle, en date du 12 juillet 1862, et la circulaire portait « que les conseils municipaux ne devant être consultés que dans les cas de *décès*, de *démission*, ou de *révocation* des instituteurs, le Préfet devait pourvoir d'office et directement aux changements et mutations de service et de discipline intérieure. »

D'après la loi précitée et son interprétation solennelle et authentique (interprétation ordinairement suivie, nous le répétons, même jusque dans ces derniers temps), la nomination du Frère Aristophane en place du Frère Médard, était donc très-régulière. Il s'agissait d'une simple mutation de service, et le Préfet pouvait la faire, sans consulter le conseil municipal.

Mais après deux mois passés, les opinions moins favorables aux Frères ayant eu le temps de se faire jour, et le mécontentement relatif au changement du Frère Médard s'étant encore accru, la question, qui n'avait d'abord soulevé aucune difficulté, fut jugée et résolue dans un sens tout à fait contraire. De là, au Conseil municipal, les votes que l'on connaît. Pourquoi ne dirions-nous pas, puisque nous sommes ici simple narrateur, que, dans un voyage fait à Paris, on avait consulté un jurisconsulte éminent, et discuté avec lui la valeur, en regard de la loi, d'une circulaire ministérielle, en date du 23 octobre 1871. Cette circulaire, émanée de M. Jules Simon, aujourd'hui président du Conseil, nous l'avons lue et relue attentivement, avec tout le respect que mérite une œuvre ministérielle, et voici toutefois et très-sincèrement, quelles sont nos impressions et nos remarques.

1° La circulaire ne dit pas, d'une manière nette et précise, que, quand il y a simple changement ou déplacement d'instituteur, par suite de mutation de service, le conseil municipal doit être convoqué et donner son avis pour l'option entre laïques et congréganistes.

Elle se tait prudemment sur ce point ; et pourtant, c'est le point capital, seul mis ici en litige.

Elle rappelle d'abord, que, même du temps du *régime déchu*, l'Empire, certaines dérogations ont été apportées à la loi de 1854, et à l'interprétation authentique donnée par le Sénat, en 1862. (Mais, pourrait-on répondre, ces dérogations eurent lieu, quand, sous ce régime, certaines hostilités se produisirent contre les congrégations religieuses, alors... question de régime.)

Elle ajoute que pendant « la période troublée » qu'on venait alors de traverser « certaines décisions municipales furent prises, et des instituteurs furent expulsés, sans qu'on tînt compte, ni des engagements pris, ni des intérêts scolaires, ni même des intérêts financiers des communes. » Ces instituteurs expulsés, au moment de nos désastres, par suite de certaines décisions municipales, c'étaient des congréganistes ! Alors... question de régime toujours.

Elle insinue très-habilement qu'il faut donner à la loi une interprétation libérale, mais toutefois exacte.

Exacte : c'est nécessaire, Mais quelle interprétation plus exacte que celle du Sénat lui-même, interprétation solennelle, authentique, exacte et légitime à tous les chefs ?

Libérale : oui encore ; mais en quel sens ? L'interprétation libérale d'une loi se fait, d'après le droit, *quand on restreint ce qui est odieux, quand on étend ce qui est favorable.* Or, ce qu'il y a d'odieux, c'est le changement facile de direction d'une école, changement si propre à amener des perturbations dans l'enseignement ; on doit donc le restreindre au moindre nombre de cas. Ce qu'il y a de favorable, c'est la continuation d'un même enseignement, dont on n'a pas d'ailleurs à se plaindre, continuation qui n'est pas discutée, quand il s'agit des mutations des instituteurs laïques, qui ne doit pas être discutée davantage quand il s'agit des mutations des instituteurs congréganistes.

Puis M. le Ministre conclut, sans trancher la question, mais toutefois d'une manière si subtile, qu'on pourra tirer de sa conclusion les interprétations les plus diverses : « La loi actuelle confère aux préfets la nomination des instituteurs publics (c'est très-vrai) ; mais la loi veut aussi que le conseil municipal soit entendu sur le choix à faire entre les instituteurs laïques et les congréganistes. » (C'est très-vrai encore.) Mais dans quel cas le conseil municipal sera-t-il entendu ? Est-ce dans les seuls cas de *décès, démission* ou *révocation* des instituteurs ? sera-ce encore dans les cas de *mutations* et *déplacements* pour cause de service ?

Là serait toujours la question, si elle n'avait été,

et ne restait tranchée, par l'interprétation du Sénat en 1862.

2° Car d'ailleurs, la conclusion de la circulaire dont nous parlons, fût-elle des plus claires, il n'y a lieu de la juger qu'en regard de la loi et de ses interprétations autorisées.

La loi, voilà la règle invariable et permanente ; tant qu'elle n'est pas rapportée, elle reste obligatoire. Et il en est de même du *décret*, auquel on attribue, en certains cas, autant d'autorité qu'à la loi elle-même. Mais la loi et le décret ont besoin d'être expliqués.

L'ordonnance, émanée du législateur, des Chambres, explique la loi et la développe sous certains rapports.

Les avis du Conseil d' État l'interprètent ; et s'agit-il de quelque chose de contentieux, *la décision du Conseil d'État* juge en dernier ressort.

Les arrêts des cours et des tribunaux interprètent aussi les lois, et quand ils sont en grand nombre, ils ont une autorité équivalente à celle de la loi elle-même.

Les instructions ministérielles viennent en dernier lieu ; elles servent seulement à diriger les fonctionnaires publics dans l'exécution des mesures que la loi attribue à ses ministres. Comme nous le voyons dans la question présente, elles peuvent quelquefois, sur une même matière, être opposées, selon les temps, les unes aux autres.

En regard donc de la loi et de ses interprétations solennelles, il est arrivé que des réclamations s'élevèrent contre l'interprétation et l'application faites en certaines circonstances, de la circulaire du 23 octobre 1871.

On trouva généralement, et on jugea, comme nous, que ces interprétations et applications n'avaient pas lieu d'exister, la circulaire ne disant pas clairement « que les conseils municipaux seront entendus toutes les fois qu'il y aura simple mutation de service. »

On conclut et on dut conclure que la circulaire, fût-elle même très-claire, ne peut pas infirmer la loi du 14 juin 1854 et l'interprétation authentique donnée par le Sénat en 1862. — Et, dans la pratique, on s'en tint le plus souvent, comme par le passé, à ladite loi de 1854, et à son interprétation autorisée.

D'où nous sommes fondés à conclure, pour notre part : Que la nomination du Frère Aristophane, faite par M. le préfet de l'Aisne, en remplacement du Frère Médard, a été très-régulière ;

Que le Conseil municipal de St-Quentin ne pouvait pas exiger d'être consulté, et que, par conséquent, il n'avait pas à prendre les décisions qu'il a prises ;

Qu'en tout cas, selon que l'ont fait remarquer et que l'ont conseillé des jurisconsultes sérieux de la capitale, la question, si elle est résolue contre les intérêts des congrégations religieuses, peut et doit être portée par elles au jugement et à la décision du Conseil d'État.

Nous voudrions clore ici la question, et d'ailleurs il nous semble en avoir dit assez pour la mettre dans toute sa vérité et dans tout son jour. Toutefois nous ne pouvons laisser passer, au moins sans la relever, une allégation énoncée dans l'un des considérants du vote du Conseil, savoir : que l'enseignement des Frères est *opposé aux principes de la société moderne et aux institutions politiques du pays.*

Opposé aux principes de la société moderne. — Que veut-on dire par là ? Que signifient ces expressions, formules sonores, qui semblent exercer une sorte de magie dominatrice ? Il est des principes nécessaires, immuables, sur lesquels repose toute société ancienne ou moderne ; il est des vérités éternelles, universelles, les vérités religieuses, qui sont le fonds de la raison, la base de la morale, la loi des peuples. Nécessaires à toute âme, elles sont nécessaires à toute société : voudrait-on repousser ces vérités ? Mais alors on conclurait que la société moderne est essentiellement irréligieuse. Triste conclusion, qui la placerait au-dessous de la société païenne, au-dessous de la barbarie ! — Et puis, si l'on ne veut pas de l'enseignement religieux chez les Frères, pourquoi l'admettre dans les autres écoles municipales ? On a bien soin de dire, en un autre considérant, pour rassurer les familles, que l'enseignement primaire, aux termes de l'art. 23 de la loi du 15 mars 1850, enseignement donné dans toutes les écoles, comprend l'instruction morale et religieuse. — Alors on veut donc insinuer que *pas trop n'en faut*, et que l'enseignement donné par les Frères fait une trop large part à l'instruction religieuse. On avouera, du moins, d'après leurs succès, que ce n'est pas au détriment des autres branches de l'enseignement primaire... Et puis, sans rien répondre au delà, qu'on nous permette de citer ici un homme qui, certes, appartient bien à la société moderne, et dont on ne répudiera pas assurément le témoignage, M. Thiers : « Si j'avais dans mes mains le bienfait de la foi, dit-il, je les ouvrirais sur mon pays. Pour ma part, j'aime cent fois mieux une nation croyante qu'une nation incrédule. Une nation croyante est mieux inspirée, quand il s'agit des œuvres de l'esprit, plus héroïque même, quand il s'agit de défendre sa grandeur. »

Et on ajoute que l'enseignement des Frères « est opposé aux institutions politiques du pays. » Pauvres enfants, qui recevez l'enseignement de vos maîtres si dévoués, vous ne vous en doutiez guère ! Et où place-t-on encore cette opposition politique, qu'on devrait appeler, si elle existe, de son vrai nom, cet *antipatriotisme ?* Ce n'est pas assurément dans les leçons de grammaire, de calcul, de géographie, même d'histoire ; c'est encore et c'est toujours dans la connaissance plus étendue des vérités religieuses. Donc il est antipatriotique d'apprendre qu'il faut respecter les pouvoirs, quels qu'ils soient, que l'amour de la patrie, le souci de l'intérêt général et le dévouement à la chose publique comptent parmi les préceptes les plus sacrés de la morale chrétienne. Il est antipatriotique d'enseigner à haïr le crime, à détester l'injustice et la violence, à se sacrifier pour les autres, à respecter les droits de chacun dans la liberté de tous. Ceux-là sont antipatriotes et les ennemis de nos institutions politiques, que, dans nos récents désastres, on vit recueillir, sous les balles et la mitraille, les blessés et les morts, ces *intrépides brancardiers*, les Frères des Écoles chrétiennes, dont plusieurs sont tombés chrétiennement et patriotiquement, répétant la vieille devise nationale : *Pour Dieu et pour la Patrie*. Et le premier corps littéraire du pays, l'Académie française, s'est trompée étrangement, quand, voulant naguère décerner à une classe de citoyens la palme du patriotisme, elle l'a placée dans les mains des Frères des Écoles chrétiennes.

Nous ne poussons pas plus loin nos considérations. Avant de les terminer toutefois, protestons hautement que nous n'avons eu en vue que l'amour du bien, le désir de jeter quelque lumière sur une question enveloppée, par suite des passions, de tant de nuages. Nous souhaitons vivement que la vérité se fasse jour, que les esprits s'entendent et s'unissent, et que, d'un commun accord, tous travaillent, chacun dans leur sphère et selon leur influence, à la régénération de notre société et à la gloire de la France.

P. S. — Nous apprenons par les journaux de la ville, qu'une enquête doit avoir lieu, dans une des salles de l'hôtel de ville, dimanche prochain **21**, lundi et mardi, **22** et **23**, de midi à 5 heures du soir, à l'effet de savoir si l'école des Frères sera conservée, ou si elle sera remplacée par une école laïque.

C'est un *devoir* pour toutes les personnes qui ont à cœur les intérêts catholiques, de *concourir à cette enquête* et de s'y *prononcer* en faveur des Frères :

1° Au nom et en la mémoire de M. Brunel, qui avait légué la somme nécessaire pour fonder une école de Frères, école qui n'a jamais été établie, et à laquelle a été substituée une école laïque;

2° Au nom et en la mémoire de M. Tavernier, qui, aidé de 910 souscripteurs annuels, établit et entretint, pendant dix années, l'école actuelle des Frères, plus tard reprise par la ville, et dans laquelle 929 élèves, en moyenne, soit des classes du jour, soit des cours du soir, ont reçu chaque année l'instruction, depuis bientôt vingt-six ans ;

3° Au nom de la loi de 1854, et de ses interprétations authentiques et solennelles, au nom de la justice, au nom du droit, au nom de la liberté qui doit être égale pour tous, et sauvegarder l'enseignement religieux tout au moins autant que l'enseignement dit *laïque*, au nom des pères de famille chrétiens, au nom des services incontestables rendus par les Frères, de leurs succès constants, de l'émulation produite par leur présence, même au sein des autres écoles municipales.

Espérons que justice sera rendue aux Frères, et en leur personne, aux Congrégations religieuses, et qu'elles n'auront pas besoin, pour revendiquer leur droit, d'en appeler à un autre tribunal.

Saint-Quentin. — Imp. Jules Moureau.

9 782019 181581